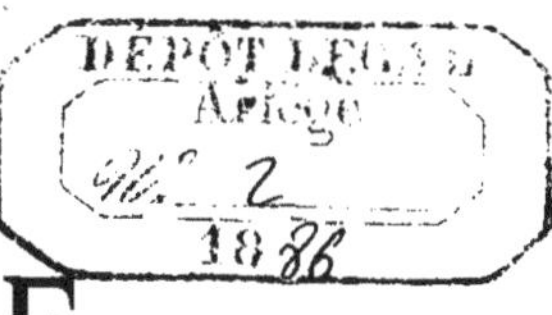

THÉODORE

DE

TARASCON-SUR-ARIÈGE

Démocrate à tous crins et franc-maçon.

UNE ÉPIGRAPHE A LA TARASCONNAISE

OUTRECUIDANTE ET TROP LONGUE

Dans tout milieu politique, où rien ne fait contrepoids au pouvoir.... des charmes de très haute et puissante Dame, *l'autorité administrative*, la démocratie devient une farce amère et une cause de corruption ; c'est de l'infection, quand la grosse Dame se trouve flanquée de Messire Veau-d'or le Puant. (Traduction libre d'une pensée de Mme Adam.)

DU MÊME TONNEAU

Théodore est le fils de son père d'abord, ensuite un des trop nombreux fils d'un vieux et gros *Mandarin* plein de morgue, qui s'appelle *l'autoritarisme bureaucratique*, et d'une *Dame* jeune, sans éducation, sans expérience et déjà vicieuse, qui s'intitule la *Démocratie française*.

SELON L'USAGE

Beaucoup trop de Théodores dans la démocratie française !

ENFIN !

Aimez le Midi, mais gardez-vous bien de le prendre au sérieux !

FOIX
IMPRIMERIE GADRAT AINÉ, RUE DE LA BISTOUR
1886

THÉODORE DE TARASCON-SUR-ARIÈGE

CHAPITRE PREMIER

Tarascon-sur-Rhône et Tarascon-sur-Ariège. — Tartarin et Théodore. — Le vent de la démocratie. — Quès aco la démocratie ? — Théodore démocrate sans le savoir.— Poussé par l'ami Bôbec, il se lance dans la démocratie. — Son entrevue avec le Manitou vénéré de la démocratie tarasconnaise.

Le Rhône a son Tarascon. L'Ariège a aussi le sien, qui vaut bien l'autre, est tout aussi flambard et plus pittoresque.

Tarascon-sur-Rhône a Tartarin, grand chasseur de casquettes et de lions devant l'Eternel et alpiniste sans peur devant l'Europe. Tarascon-sur-Ariège a Théodore, démocrate à tous crins, D.T.C. et franc-maçon, F.·., personnage qui damerait certainement le pion à Tartarin, s'il avait, comme lui, l'immense avantage d'être croqué par un artiste.

C'était à l'époque où le vent de la démocratie, déchaîné par le gros Manitou, soufflait en tempête sur la France et faisait tourner toutes les têtes. Idées, sentiments, passions, modes, langage, revues, journaux, tout était démocratique. Pas un discours, pas une allocution, pas un toast, pas une conversation, sans que le mot fatidique et solennel ne fît son trou et son effet. Un parfumeur parisien venait de réaliser une fortune colossale, en trouvant la formule de la vraie pommade démocratique, qu'il exploitait avec la garantie du gros Manitou. Bien plus, il y avait autant de démocraties que de départements, que dis-je ? autant que de clochers, que dis-je encore ? presque autant que de têtes de Français ! Il y avait la démocratie provençale, marseillaise, gasconne, tarasconnaise, quimper-corentinoise, etc., etc.; la démocratie des citadins, la démocratie des campagnards, etc. etc.; la démocratie du grand Jules et celle du petit Jules, la démocratie du gros Léon et celle du petit Léon, etc., etc.; le tout couronné par la démocratie française du gros Manitou. Et, phénomènes encore plus curieux, de ces milliers de milliers de démocraties il n'y en avait pas deux qui se ressemblaient, et chacune d'elles avait son Manitou, breveté du gros Manitou, et le Manitou de la démocratie tarasconnaise, eu égard à des services exceptionnels rendus à la démocratie et à la situation encore plus exceptionnelle de la mentalité tarasconnaise, avait droit au titre de « Vénéré », malgré son âge relativement jeune. Mais la valeur démocratique n'attend pas le nombre des années.

Cependant Théodore de Tarascon-sur-Ariège songeait. Rien d'étonnant que l'on songe en Tarascon-sur-Ariège. Mais il songeait et il était de mauvaise humeur. Pronostic d'une certaine gravité chez un homme, qui était toujours de bonne humeur ! Depuis quelque temps, en effet, il se passait autour de lui des choses qui le dépassaient. Dans les cafés comme chez les perruquiers-coiffeurs de Tarascon-sur-Ariège, plus de gaudriole, partant plus de joie. Il n'entendait plus parler que de démocratie. Son cercle, le cercle des Bons garçons, venait d'être baptisé cercle démocratique, et l'on n'y riait plus !

Ce n'est pas tout. Théodore était vétérinaire et parcourait la campagne presque tous les jours pour y exercer sa profession. Eh bé ! il ne pouvait pratiquer un séton à travers la peau et le tissu cellulaire d'un cheval ou d'un bourriquet, sans qu'il n'entendît soit le Maire, soit l'Instituteur, soit la forte tête du village, pérorer sur la démocratie, et cela lui donnait des distractions intempestives et souvent compromettantes pour sa réputation de bon praticien.

Jusqu'à ce jour Théodore avait vécu dans la plus complète indifférence des choses, sinon des hommes, de la politique. Il avait été impérialiste sous l'Empire, et il était républicain sous la République, mais tout simplement parce que les amis et les amis des amis étaient devenus républicains. Il avait même fait, dans le pays tarasconnais, une propagande effrénée et couronnée de succès du reste en faveur de son ami, le gros Bôbec, alors candidat de la démocratie tarasconnaise et actuellement député et serviteur des serviteurs de la dite démocratie. Les amis sont les amis, *qué diablé !* et il faut bien faire quelque chose pour eux ! Cependant, Théodore marquait une certaine prédilection pour la République, parce qu'elle laisse chanter la *Marseillaise*, à plein gosier, dans les rues comme dans les cafés, et il la chantait à merveille. Mais, quant à la démocratie, c'était pour lui de la mathématique, de la métaphysique, quelque chose comme la question des Universaux. Etait-ce une pure conception de l'esprit sans réalité objective, ou bien une essence ayant une existence réelle ? Théodore n'aurait su le dire. Ce qu'il savait, c'est que cette démocratie commençait à l'agacer et tournait à l'obsession, à la scie, au cauchemar, au microbe.

Voulant s'en débarrasser une bonne fois, il eut l'idée d'aller trouver le député et ami, Bôbec, serviteur des serviteurs de la démocratie tarasconnaise, présentement présent à la Chambre, mais encore plus présent à Tarascon-sur-Ariège, et lui dit à l'oreille :

« Entre nous, Albert, quès aco la démocratie ? »

Albert ne fit qu'un bond vers la porte de sa chambre, l'ouvrit brusquement, appela la bonne et lui enjoignit de ne laisser monter personne, excepté le Manitou vénéré de la démocratie tarasconnaise. Puis il revint, après avoir donné deux tours de clef à la porte, et, se campant, les bras croisés, devant Théodore :

« Comment ! Malheureux ! Tu ne connais pas la démocratie ! C'est comme si tu disais que tu ne connais pas ta mère, ni ta fille, ni ta femme ! Car la démocratie est à la fois la mère, la fille et la femme des Démocrates tarasconnais. Tu ne connais pas notre princesse, notre reine, notre impératrice, notre divinité, (je me trompe, il n'y a pas de tout ça en démocratie) tu ne connais pas la baguette magique, le talisman, la fée, qui a tout pouvoir, en vertu de laquelle les incapables sont capables, les fainéants laborieux, les derniers les premiers et les bons à rien bons à tout! Sans elle, je végéterais, je ne serais rien que monsieur Bôbec; grâce à elle au contraire, je suis tout, oui tout, puisqu'en haut, à Paris, je suis législateur, régulateur des destinées de trente-six millions et plus de Français continentaux et coloniaux, et qu'ici je suis un des cinq rois (je me trompe, il n'y a pas de ça en démocratie) un des cinq Pachas du Tarasconnais sous la haute suzeraineté de notre Manitou vénéré. Tu sais en effet que tous les ministres sont à nous et ne peuvent rien nous refuser, attendu que, de notre côté, nous ne leur refusons rien. Tu sais que, quand on a les ministres, on a les préfets et toutes les administrations publiques; que gendarmes, instituteurs, commissaires de police, maires, gardes-champêtres, tambours de ville, vendeurs de journaux, et fonctionnaires de toutes sortes doivent trembler devant nous. Il n'y a que le clergé qui ne nous craint pas; mais nous y mettrons bon ordre. Eh bien! Théodore, ce que la démocratie a fait de moi et pour moi, elle le fera aussi de toi et pour toi. Je me disposais précisément à aller te trouver pour t'apprendre ceci : Le Manitou vénéré de la démocratie tarasconnaise te voit de bon œil, j'en suis certain; et tu sais, quand il veut du bien à quelqu'un, son affaire est faite à ce quelqu'un, son avenir assuré. Il est essentiellement ombrageux, notre Manitou vénéré. Mais tu as la chance de ne lui porter ombrage en rien ni pour rien. Tu as d'ailleurs toutes les qualités physiques et morales pour faire un député de la démocratie tarasconnaise. Voyons, que je t'examine bien, en face et de profil. Oui, tu as le galbe, les traits, la tournure, les allures démocratiques et jusqu'à cet embonpoint naissant..... ! Tout comme moi du reste. C'est parfait. En outre, tu as de la fortune, de l'entrain, de l'entregent, un creux à enlever les foules. Tu parles avec conviction. On dirait vraiment que tu crois tout ce que tu dis et je t'ai souvent admiré. Tu passes pour un bon garçon, un bon enfant. Tu ne manques pas à un enterrement. Tu ne fais pas le fier avec le pauvre monde et, ce qui n'est pas à dédaigner, une demi-douzaine de bocks ne te font pas peur. »

« Une douzaine, que tu veux dire, Albert ! » s'écria Théodore, presque scandalisé.

« Oui, une douzaine et plus, je connais tes moyens. Ta profession de vétérinaire t'a mis en rapport avec les bêtes et les gens de la campagne. Que faut-il de plus pour faire un député modèle ? Allons, Théodore, tu es démocrate sans le savoir. Tu seras député comme moi; tu n'as qu'à suivre mes conseils. Donner des lois à ses semblables, être un des cinq rois (je me trompe, il n'y a pas de ça en démocratie) être un des cinq Satrapes du Tarasconnais, protéger et favoriser les amis et les amis des amis, persécuter et tomber les ennemis et les amis des ennemis, cela vaut mieux que de soigner des bêtes.

« Pour commencer, tu vas te faire agréer par le Manitou vénéré de la démocratie tarasconnaise. La chose faite, tu te rendras à Paris pour te faire sacrer démocrate à tous crins par le gros Manitou de la démocratiefrançaise. Je vais te remettre une lettre de recommandation pour chacun d'eux. Je t'engage à ne rien ébruiter avant quelque temps. Rien ne brûle du reste. Lemoment n'est pas encore venu de démasquer tes batteries. Il faut être politique, mon cher, pour devenir homme politique. Eh! Eh! Eh! Joli, hein ?

« Une dernière et importante recommandation : fourre de la démocratie tant et plus dans tous tes discours et toutes tes conversations. »

Ces paroles entrèrent dans l'âme de Théodore comme un couteau dans du beurre. Comme si le fluide démocratique, dégagé par le gros Bôbec, l'avait pénétré à son insu, il sentit quelque chose de nouveau en lui; les écailles lui tombèrent des yeux et il entrevit des horizons, qui jusqu'alors lui avaient échappé. Théodore était en voie de transformation démocratique et commençait à se gober. Il se mit à crier d'une voix de stentor et avec toute l'énergie de la conviction : « Vive la démocratie ! »

Sans perdre une minute, il se rendit chez le Manitou vénéré.

On fesait queue dans l'anti-chambre du grand homme; mais Théodore n'eut qu'à exhiber la lettre de l'ami Bôbec pour être introduit sur le champ.

Le Manitou vénéré l'accueillit avec cette urbanité, cette courtoisie, qui en fait un Manitou irrésistible et le convia à s'asseoir, mais de manière que la lumière tombât en plein sur le visage de Théodore, tandis que lui, Manitou, restait tourné contre le jour et pouvait étudier à son aise le jeu de la physionomie de son interlocuteur. Pas bête du tout, le vénéré Manitou !

« Notre ami Bôbec, fit-il, vous recommande chaudement, monsieur Théodore. Je puis bien vous le dire confidentiellement : votre cause était gagnée d'avance. J'ai déjà porté votre nom en première ligne sur une liste de candidats à la députation, que m'a demandée le Préfet, il y a quinze jours, pour être transmise au gros Manitou de la démocratie française. Mais, entre nous, avez-vous le feu sacré, la foi démocratique ? »

« Si j'ai la foi démocratique, *foc del cel* ! vous seul, mon Manitou vénéré, avez le droit de me poser une pareille question. Si j'ai la foi démocratique ? A transporter le Pech sur le St-Sauveur ! »

« Fort bien, reprit le Manitou en souriant. Vous allez maintenant me prêter serment de fidélité de vive voix et par écrit. »

« Tout ce que vous voudrez, mon Manitou vénéré : fidélité, obéissance, dévouement et soumission de caniche. Je le jure sur les cendres de mon père et sur les cheveux blancs de ma vieille mère. Je le jure et et tréjure, » s'écria Théodore, en étendant les deux bras.

Après avait fait signer à Théodore la formule imprimée du serment, le Manitou vénéré mit fin à l'audience en ces termes :

« Maintenant, monsieur Théodore, vous êtes reçu

démocrate tarasconnais c'est-à-dire apte à occuper, dans le Tarasconnais, toutes les places et emplois du gouvernement, et à être comblé de toutes ses faveurs. De plus, vous êtes porté pour la députation et je vais donner des ordres au Préfet pour que toutes les forces de l'administration soient mises à votre disposition. Il faut actuellement vous rendre à Paris et vous faire sacrer démocrate à tous crins par le gros Manitou de la démocratie française. Sur ce, monsieur Théodore, que la démocratie vous ait en sa sainte et digne garde ! »

Théodore sortit de là transporté au septième ciel, nageant dans l'éther de la pleine félicité. C'est à partir de ce jour qu'il arbora, d'abord sans le vouloir ni le savoir, mais plus tard par calcul, cet air grave et digne et ce beau port de tête, qui firent l'étonnement des Tarasconnais habitués au sans-façon et à la rondeur de ses manières et de son maintien. Toutefois aussitôt après avoir quitté le Manitou vénéré, le loustic reparut encore en lui dans cette exclamation du cru :

« *Eh bé* ! ce n'est pas plus difficile que ça ! si j'avais su ! voilà deux ans perdus pour mon *avénir*, *millo dious* ! »

Mais il était presque seul dans la rue et personne ne l'entendit, si ce n'est l'historien de ses faits et gestes.

Théodore, rentré chez lui, fit ses préparatifs et, deux jours après, prit le train de cinq heures du matin pour se rendre à Paris sans tambours ni trompettes, c'est-à-dire sans en rien dire à personne. Ce fut une rude corvée pour lui de garder le silence là-dessus. Mais l'ami Bôbec le lui avait bien recommandé et Théodore, se démocratisant de plus en plus à son insu, fit ce sacrifice à la démocratie.

CHAPITRE II

Théodore à Paris. — Son entrevue avec le gros Manitou. — Il est reçu démocrate à tous crins, D. T. C, puis franc-maçon, F.·. dans la Loge du grand Charlatan. — Sa rentrée triomphale à Tarascon-sur-Ariège. — Mirabeau et Théodore. — Premier discours démocratique de Théodore. — Il se gobe en plein et se fait gober.

Voilà Théodore à Paris. L'*Affameur des Vicaires*, journal démocratique tarasconnais, tout dévoué à ses intérêts (moyennant finances bien entendu, toute peine mérite salaire), a rapporté ultérieurement, par le menu et jour par jour, ses faits et gestes dans la capitale.

Théodore, démocratisé, était homme à cultiver, jusque dans les moindres détails, l'art du « paraître.» En conséquence, son premier soin fut d'aller chez le grand coiffeur du boulevard des Italiens, inventeur de la pommade démocratique, se faire couper les cheveux et la barbe à la dernière mode démocratique et prendre en même temps une provision de la pommade à la source même, afin d'éviter la contrefaçon. Il se rendit ensuite au Palais-Bourbon et sollicita une audience du gros Manitou de la démocratie française. Il ne négligea pas d'entrer en relations de camaraderie avec son majordome, voire avec son chef cuisinier (c'était un personnage !) et de se ménager leurs bonnes grâces et leurs bons offices. Il reprit, à cet effet, son air ouvert et bon garçon, devant lequel toute raideur se détendait, toute gravité se déridait. Le gros Manitou, du reste, déjà prévenu par Bôbec et par le Manitou vénéré tarasconnais, ne le fit pas attendre.

Ici, comme en toute circonstance, je dois dire toute la vérité et rien que la vérité sur Théodore, au risque d'ébrécher son auréole de tarasconnais sans peur et sans reproche : Quand il se trouva en présence de celui qu'il appelait son héros, son préïnce, il fut d'une faiblesse navrante. Non seulement son aplomb ordinaire lui fit défaut, mais il perdit littéralement la boule. Lui, qui avait couvé une magnifique entrée en scène avec exorde à la tarasconnaise, ne put que s'incliner profondément, en portant la dextre sur son cœur, et balbutier : « Mon Pré...ïnce ! »

Mais admirons, comme tout, dans la vie, jusqu'à leur plus grosses boulettes, réussit à certains veinards ! Il arriva que Théodore fut, sans le vouloir, à la fois diplomate consommé et courtisan raffiné. Le gros Manitou, en effet, après l'avoir enveloppé d'un regard long et scrutateur, remarqua son trouble. Or, rien ne pouvait chatouiller la fibre autoritaire du Kébir de la démocratie d'une manière plus agréable et plus délicate que la contenance embarrassée et le mutisme de ce méridional montagnard, sur la face duquel éclataient, en pétillant, et le toupet et la ruse et la fanfaronnade et la blague ! C'est qu'il en tenait quelque peu, lui aussi, le gros Manitou, de la fanfaronnade et de la blague !

« Chut ! Monsieur Théodore, lui dit-il en souriant. Il n'y a pas de prince ici. Les mots sont tout dans notre démocratie et il ne faut pas badiner avec, rappelez vous cela. J'ai reçu les meilleurs renseignements sur votre compte. La démocratie a besoin d'hommes comme vous et non d'idéologues ni d'intransigeants. Je vous sacre démocrate à tous crins, ce qui veut dire : apte à occuper, partout et en tout lieu, les places et emplois et à recevoir les faveurs du gouvernement démocratique. Oui, Théodore, vous pouvez aspirer à tout : Député, Sénateur, Préfet, Trésorier-Payeur général, Ambassadeur, Ministre même, toutes ces hautes et bonnes positions sont, grâce à moi, ouvertes aux démocrates à tous crins. Mais, à propos, êtes-vous franc-maçon ? Les démocrates à tous crins le sont tous. »

Théodore avait bien entendu parler de la franc-maçonnerie, surtout dans ces derniers temps. Mais il ne savait pas trop ce que c'était, se trouvant du reste aussi avancé, en cela, que les cinq sixièmes des francs-maçons. Il supposait vaguement que cette association avait pour principal objet de boustifailler en commun, de faire des pique-niques nocturnes, et, comme il ne crachait pas sur les occasions de s'amuser, il avait même eu souvent l'intention de s'y faire recevoir. Il répondit donc avec aplomb :

« Non, je ne suis pas franc-maçon ; mais je le regrette. Je voudrais bien l'être. »

« Eh bien ! lui dit le gros Manitou, en lui donnant congé, venez me prendre ce soir à onze heures. Je vous ferai admettre à la loge du grand Charlatan, à laquelle je suis affilié. »

Théodore, ce soir-là, fit un dîner léger vers sept heures. Il comptait se rattraper sur le pique-nique des francs-maçons. Mais il fut volé, comme on dit,et il rentra à son hôtel, à une heure du matin, avec des tiraillements d'estomac. « *Biédazé*, raconta-t-il plus tard ,tout n'est pas rose dans la franc-maçonnerie ! »

On avait cependant abrégé pour lui les épreuves en usage, grâce à la recommandation du gros Manitou, qui lui servait de parrain. Sa réception au grade d'apprenti ne fit pas un pli, quoiqu'elle fut marquée par un incident, qui mérite d'être raconté :

Quand on lui posa la question : « Que doit l'homme à Dieu ? » il eut une inspiration géniale : Se rappelant que l'ami Bôbec lui avait dit qu'il n'y a pas de divinité en démocratie et ne se doutant pas que la devise maçonnique est : « A la gloire du grand Architecte de l'univers », il prit une attitude héroïque et répondit avec une emphase retentissante : « la guerrrrre !! » C'était la fière réponse que fit Proudhon, le 8 janvier 1847, à la Loge de Sincérité,Parfaite Union et Constante Amitié, Orient de Besançon. Cette même réponse, sortant de la bouche de Théodore, abasourdit les frères de de Paris. « C'est un crâne ! », se dirent-ils en se regardant avec des yeux gros d'étonnement. Mais à un signe presque imperceptible du gros Manitou, on passa outre et on ne demanda pas d'explication à Théodore, fort heureusement pour lui, le triple veinard !

Le lendemain, dès le matin, Théodore ne put s'empécher d'enfreindre la recommandation, faite par l'ami Bôbec, de garder le secret quelques jours encore et il envoya aux amis de Tarascon-sur-Ariège un télégramme ainsi conçu : « Victoire ! suis reçu D.T.C. puis F.·. — Arriverai samedi cinq heures soir. Vive démocratie tarasconnaise ! »

Samedi, c'était dans quatre jours. Théodore voulait profiter de son séjour dans la capitale pour prendre du bon temps et il en prit.

Il invita les démocrates francs-maçons de la colonie tarasconnaise et, pendant deux jours, on porta force toasts au Manitou vénéré de la démocratie tarasconnaise, à Théodore, en passe de devenir député de la dite démocratie, au gros Manitou de la démocratie française, enfin à la Franc-Maçonnerie, pépinière des grands hommes politiques de toutes les démocraties. Ce fut dans ce cénacle de Tarasconnais-parisiens ou de Parisiens-tarasconnais que Théodore prit, le verre en main, ses premières et meilleures leçons de démocratie, toutefois après celles de l'ami Bôbec.

Cependant l'épatante nouvelle de la pharamineuse transformation de Théodore en homme politique, avait commencé à circuler dans Tarascon le jour même de son départ pour Paris. Car, dans le Tarasconnais, il n'est secret si bien gardé qui ne devienne, en quarante-huit heures et moins, le secret de Polichinelle. On se racontait sa visite au Manitou vénéré. Toutes les personnes, qui fesaient queue, et l'avaient vu entrer, puis passer avant son tour, l'avaient également vu sortir avec une figure de pleine lune, l'air radieux et triomphant, et le Manitou vénéré, en le quittant, lui avait donné une amicale poignée de mains! Puis, pendant quatre jours,éclipse totale de Théodore! Il y avait certainement de la démocratie là-dessous. Mais le feu fut mis aux poudres par le télégramme de Paris.

C'était donc bien vrai! Théodore s'était lancé dans la démocratie militante, était déjà reçu démocrate à tous crins,franc-maçon! Il ne pouvait manquer d'être porté pour la prochaine députation, sous le double patronage du Manitou vénéré et du gros Manitou!

Pendant quatre jours, Tarascon-sur-Ariège fut agité, remué, bouleversé jusque dans ses couches les plus profondes.

Les Cléricaux étaient en jubilation et se disaient entre eux, en se frottant les mains, que Théodore ne déparerait pas la collection des démocrates politiciens du Tarasconnais et y ajouterait même un nouvel ornement; qu'un régime, représenté par des Théodore et consorts, courait à sa ruine et n'en avait pas pour longtemps, etc., etc.

Les Radicaux ennemis de Théodore et jaloux de ses succès, étaient à la fois consternés, tristes et furieux et ils échangeaient entre eux les réflexions les plus amères :

« Etait-ce donc là cette démocratie de leurs rêves ? Etait-ce pour faire émerger des Théodores qu'ils avaient tant espéré, tant lutté, tant souffert? Certes,on ne pouvait nier que l'Empire, qu'ils avaient toujours honni et détesté, n'ait eu, dans toutes les sphères de la politique et du pouvoir, des représentants plus capables et plus dignes que ceux d'aujourd'hui. Tous ces braillards de Démocrates, entichés de leur Manitou vénéré et de leur gros Manitou, n'avaient pas encore dépassé l'âge de la barbarie en politique, le fétichisme. Ils avaient sans cesse la démocratie à la bouche et n'en connaissaient ni n'en pratiquaient le premier mot. Tout au contraire, ils la prostituaient et la violaient ouvertement tous les jours. Est-ce qu'on s'était débarrassé du fétichisme royaliste et impérialiste pour retomber dans un fétichisme plus grossier et plus désastreux? Car mieux vaut, en dernière analyse, un tyran unique, au sommet de l'édifice, que mille tyranneaux à chacun des étages; le tyran, dans l'état de nos mœurs, étant obligé de tenir compte, dans une certaine mesure, de l'opinion publique, tandis que tous ces tyranneaux stupides se fichent de l'opinion publique comme de Colin Tampon. Ah! Ces députés et journalistes radicaux de la capitale! Ils font les anges et sont toujours dans les nuages! Toujours les mêmes et les leçons de l'histoire et de l'expérience ne leur servent de rien! On dirait qu'ils ne savent pas que nous sommes sous le régime du nombre et que la province, c'est le nombre. Au lieu d'ergoter sur des théories et des idées générales, que ne s'occupent-ils des faits, de ce qui se passe en province, de l'état des mœurs politiques et électorales, dans le Tarasconnais, par exemple? Ils en apprendraient de belles! Tout est là cependant, puisque la province, encore un coup, c'est le nombre, c'est la majorité. Qu'ils méditent donc la fable de l'astrologue, qui se laisse tomber dans un puits. Qu'ils lisent aussi le nouveau Seigneur de village de Sarcey; ils y trouveront une partie de la vérité. La vérité! c'est que nos mœurs politiques sont peut-être pires que sous l'Empire. Quel sujet d'immense tristesse pour eux, Radicaux de Tarascon-sur-Ariège! etc., etc...

Mais les Démocrates de Tarascon, plus nombreux que les cléricaux et les radicaux réunis, partisans et amis quand même de tous les Manitous gouvernementaux en général et du Manitou vénéré tarasconnais en particulier, exultaient. *Té*, disaient-ils, la Démocratie sait recconnaître et choisir les siens. Théodore était leur homme, un bon garçon, un bon enfant, ayant un superbe coup de gosier pour avaler les bocks et un creux de toute beauté pour entonner la *Marseillaise*. En voilà un qui se fendra en quatre pour protéger et favoriser les amis et les amis des amis, ainsi que pour tomber les cléricaux et les intransigeants! etc., etc. Ils décidèrent de se réunir tous à la gare du chemin de fer pour recevoir Théodore, à son retour de Paris, lui faire fête et le glorifier.

Exact comme le chemin de fer, Théodore débarqua le samedi, à cinq heures du soir, sur le quai de la gare de Tarascon-sur-Ariège, où la foule immense des Démocrates l'accueillit avec des ovations et des vivats enthousiastes.

Une calèche attelée l'attendait pour le conduire au Cercle démocratique. La foule détela les chevaux et quatre Démocrates des plus vigoureux se mirent à leur place, se faisant un honneur de traîner la calèche et Théodore dessus.

L'entrée triomphale de Théodore, arrivant de Paris dans sa ville natale, ressembla donc, trait pour trait, à celle que fit, il y aura bientôt cent ans, Mirabeau arrivant également de Paris dans la ville d'Arles. En voyant cet enthousiasme frénétique et empreint d'un certain servilisme,. Mirabeau devint triste et dit : « Pauvre peuple ! Tu n'es pas mûr pour la liberté ! »

Telles ne furent pas les réflexions ni l'attitude de Théodore — au contraire. Il se rengorgea et, se carrant sur le siège de la calèche découverte, dit au Démocrate placé en face de lui : « Braves Démocrates ! Décidément, la démocratie tarasconnaise est une bien jolie chose ! »

Il fut ainsi conduit en grande pompe au Cercle démocratique. Tous les abonnés entrèrent et la foule resta dans la rue. Théodore s'avança sur le balcon donnant sur cette rue et prononça son premier discours démocratique, qui fut reproduit *in extenso* sur le Registre des délibérations du Cercle :

« Liberté ! Egalité ! Fraternité ! Démocrates de la Capitale du Tarasconnais, la démocratie du pays tarasconnais m'a appelé. J'ai répondu : « Présent ! » Et me voilà ! Me voilà avec mon dévouement, mon expérience, mes facultés, tout mon être enfin ! Fort du patronage du Manitou vénéré de la démocratie tarasconnaise et de l'amitié du gros Manitou de la démocratie française (car ce Préïn...ce grand homme, ce héros m'a traité en camarade, en ami) je me présenterai bientôt à vos suffrages. Vos acclamations me prouvent qu'ils me sont acquis d'avance et que vous êtes tout à moi comme je suis tout à vous. Et qui connaît mieux que moi la démocratie tarasconnaise, cette science des intérêts du pays tarasconnais, moi qui ai passé ma vie à parcourir nos campagnes et à en annoter les besoins? Qui connaît mieux que moi la démocratie de la cité tarasconnaise, moi qui ai toujours vécu au milieu de vous et à qui vous avez révélé vos espérances, vos désirs, vos besoins, vos amitiés et vos inimitiés? Vous savez tous d'ailleurs que j'étais républicain déjà avant ma première communion.

« La grande difficulté, en politique, consiste à se mettre toujours du côté du manche, c'est-à-dire à avoir toujours pour soi les Manitous du gouvernement, qui peuvent tout pour notre pays pauvre et si intéressant. Comptez sur mon talent, mon habileté et mon caractère pour surmonter cette difficulté. J'arrive de Paris et j'en rapporte l'amitié du gros Manitou de la démocratie française, je ne vous dis que ça !

« Démocrates de Tarascon, jusqu'ici on a toujours promis monts et merveilles à notre chère cité. Nous avons bien les monts, mais nous n'avons pas les merveilles. Eh bien ! C'est moi qui vous les donnerai, les merveilles !

« Je suis fatigué et il vaut mieux boire que de parler. Sur ce, buvons à la démocratie du pays tarasconnais, à la démocratie de la cité tarasconnaise, sans oublier notre Manitou vénéré, ni le gros Manitou de la démocratie française.

« L'œil est ouvert, au Cercle démocratique, pendant toute la nuit et à tous les Démocrates. Liberté ! Egalité ! Fraternité ! »

On voit que Théodore, tenant compte de la recommandation de l'ami Bôbec, a bourré son premier discours de démocraties et de Démocrates. Aussi ce discours fut-il accompagné, au commencement et au milieu, de mille bravos, et, à la finale ouverture de l'œil, de cris et trépignements de joie partant du cœur, de la bouche, du ventre et des pieds.

On but et on chanta toute la nuit.

Théodore, depuis cette nuit mémorable, devint le Benjamin de la Démocratie tarasconnaise, dont le Manitou vénéré est le Jacob. Il fit mettre sur les cartes de visite, qu'il se commanda tout exprès, cette inscription, qui brille par sa simplicité :

THÉODORE DU TARASCONNAIS

D T. C. ET F.·.

Tarascon-sur-Ariège.

Il avait fini par se gober des pieds à la tête, y compris les cheveux, et, ce qui est encore bien plus fort, par se faire gober !

CHAPITRE III

Une élection législative dans le Tarasconnais. — Abstention de la majorité des cléricaux. — M. Théodore du Tarasconnais, candidat de la démocratie tarasconnaise.— Opposition inattendue des Radicaux et de Petsec. — Petsec transperce Théodore et les Démocrates tarasconnais dans un article du *Tam-Tam*.

Il s'agissait de remplacer un député du Tarasconnais, décédé quelque temps auparavant, et la période électorale allait s'ouvrir.

On connaît déjà en partie la situation des partis : M. Théodore de l'Ariège était le candidat de la démocratie tarasconnaise, présenté par le Manitou vénéré de la susdite démocratie, appuyé par l'ami Bôbec, député et serviteur des serviteurs de la sus-sus-dite démocratie, ainsi que par les deux Sénateurs du Tarasconnais, D.T.C. et F. F.·., enfin patronné par le gros Manitou de la démocratie française. Il était donc oint de toutes les huiles saintes de la démocratie.

Le Préfet avait reçu des instructions confidentielles pour soutenir énergiquement, quoique clandestinement, cette candidature. C'était de luxe en vérité, attendu que le Manitou vénéré disposait déjà et de la Préfecture et de toutes les forces de l'Administration et n'avait qu'un mot à dire pour que ces forces, organisées par lui de longue main et centralisées par canton, marchassent avec ensemble. Chaque canton avait son Sous-Manitou et chaque commune son Sous-sous-Manitou.

Théodore avait, en outre, entièrement à sa dévotion (moyennant finances bien entendu, il faut que tout le monde vive) les trois journaux démocratiques du Tarasconnais, le *Mangeur de Curés*, l'*Affameur des Vicaires* et l'*Ultra-démocrate*, qui, contre toutes les règles démocratiques, avaient déjà posé, avec grand fracas, sa candidature démocratique.

Les Cléricaux avaient tenu conseil et, après des délibérations fort agitées, avaient résolu de s'abstenir. Toutefois une minorité respectable s'était réservé le droit de voter pour Théodore, attendu que, disait-elle, plus il y aurait de Théodores au Parlement, plus cette gueuse de Marianne se discréditerait, ferait des bêtises, et plus vite elle s'enfoncerait.

Dans de telles conditions, toute lutte contre Théodore semblait insensée.

Le courage des Radicaux se montra, par miracle ! à la hauteur des circonstances. Cette fois ils se piquèrent d'honneur. Ce ne fut, à vrai dire, qu'un feu de paille, mais qui donna le trac à Théodore et le força de battre son plein, c'est-à-dire de révéler, ainsi qu'il apparaîtra plus tard, toutes ses qualités maîtresses à l'admiration de la démocratie tarasconnaise.

Jusque là effacés, ne comptant pas, désunis et sans lien de solidarité, les Radicaux tarasconnais se comptèrent, se concertèrent, se groupèrent contre Théodore et débutèrent par un coup de maître en décidant, après les plus vives instances, Petsec à se mettre à leur tête et à prendre la direction du contre-parti ou parti de l'opposition.

Petsec, appartenant à une famille, ancienne et universellement estimée, du Tarasconnais, connu pour la fermeté de ses convictions républicaines, unissant le talent de la plume à celui de la parole, était la bête noire et la terreur des Démocrates, à cause de sa franchise. Homme de haute valeur, mais tout d'une pièce et de premier mouvement, il n'allait pas par quatre chemins pour dire sa façon de penser et ne barguignait pas pour appeler les Démocrates tarasconnais ***des farçûrs, des blagûrs,des galûtrés***, et la démocratie tarasconnaise une vaste fumisterie. Aussi détonnait-il singulièrement au milieu de ses compatriotes, comme un boule-dogue au milieu de renards, et n'était-il pas pourvu des défauts (ou des qualités, cela dépend du point de vue) indispensables pour réussir et faire son chemin dans la démocratie tarasconnaise, qui est d'une nature tout particulièrement particulière, où il faut, avant tout, plaire au vénéré Manitou ; où l'art de feindre, de ruser, de fanfaronner(*)et de faire la roue, est non seulement un besoin, une seconde nature, une manie, mais encore un titre de gloire ; où, d'après un dicton du cru, « ne vaut pas cher qui ne peut pas promettre quand même, ***bal pla paouc lé qué po pos proumettré*** » ; où enfin la vérité, toute crue toute nue, fait horreur, excite des nausées et doit être administrée à petites doses et en pilules sous forme de bonbons. C'est qu'aussi le plus souvent

(*) Le mot est tarasconnais ; on se demande pourquoi il n'est pas français.

elle n'est point belle du tout, ni appétissante, ni douce au goût, ni facile à avaler, la vérité, en Tarascon-sur-Ariège !

Petsec n'avait à sa disposition aucun organe de publicité dans son pays. Il fut obligé de recourir au *Tam-Tam*, journal de Toulouse très répandu, même dans le Tarasconnais, et ouvrit le feu par l'article semi-humouristique, mais agressif, que voici :

« M. THÉODORE DU TARASCONNAIS,

« CANDIDAT DE LA DÉMOCRATIE TARASCONNAISE.

« M. Théodore du Tarasconnais (ne pas confondre avec M. Théodore du Bordelais, ou du Mâconnais, ou du Beaujolais, ou du Blaguojolais) M. Théodore, du Tarasconnais donc, est candidat de la démocratie tarasconnaise.

« Je connais M. Théodore, né natif de Tarascon-sur-Ariège. Mais je ne connais pas la démocratie tarasconnaise. *Quès aco* la démocratie tarasconnaise ? Connaissez-vous la démocratie tarasconnaise ? Moi, qui suis du pays et qui l'habite, j'en ai beaucoup entendu parler, j'en ai les oreilles rebattues; mais je n'ai jamais vu, en fait de démocratie, dans le Tarasconnais, qu'une mascarade ridicule et grotesque et d'autant plus ridicule et grotesque qu'elle est à la fois fanfaronne et solennelle. *Biédazé* ! Les pires Gascons ne sont pas en Gascogne !

« Qu'est-ce que la Démocratie ? (Je ne parle pas bien entendu, ni de la mascarade tarasconnaise, ni de la fausse démocratie française du gros Manitou.)

Qu'est-ce que la vraie démocratie ? C'est le régime où la souveraineté, non seulement dérive en principe du peuple, mais est réellement exercée par lui. En d'autres termes, c'est le gouvernement du peuple par le peuple et pour le peuple.

« Qu'est-ce qu'une oligarchie? c'est un régime où le pouvoir politique est entre les mains d'un petit nombre d'individus ou de familles.

« Qu'est-ce que l'autocratie ? c'est le régime, où le gouvernement est exercé par un seul individu, qui possède une autorité absolue.

« Eh bien ! je prétends (et qu'on ne dise pas le contraire, j'ai des preuves plein les mains) je prétends que, dans le Tarasconnais, aucune des deux conditions constitutives de la démocratie n'existe, puisque, d'une part, le suffrage universel est entre les mains d'une vingtaine d'individus, (le gros Manitou, le Manitou vénéré, deux sénateurs, deux députés, le Préfet et quelques Sous-Manitous), qui le font aller au doigt et à l'œil, et que, d'autre part, le gouvernement, ou le pouvoir politique et administratif, est exercé par ces mêmes individus. Le Tarasconnais est donc, en fait, sous un régime en partie autocratique, eu égard à la prépotence de Sa Majesté le Manitou vénéré, et en partie oligarchique, eu égard à la distribution du pouvoir politique et administratif. Mais de régime démocratique, il n'y en a nulle trace effective, si ce n'est sur le papier et sur les lèvres de messieurs les Démocrates.

« O vous, qui vous affublez de ce beau titre de démocrates, comme l'âne de la peau du lion, et pour qui la démocratie n'est qu'une guitare, comment pouvez-vous vous regarder sans rire, farceurs de Démocrates tarasconnais?

« Démocratie oblige, sachez-le. Dans l'échelle des êtres humains considérés au point de vue politique, le démocrate est placé au premier degré, tandis que vous, ce n'est que justice de vous reléguer au dernier, puisque vous n'êtes, en définitive, que des fétichistes, des adorateurs du Pouvoir et de ses Manitous, y compris votre Manitou vénéré et votre gros Manitou de la fausse démocratie française.

« Dans la vraie démocratie, il n'y a pas de Manitous, pas plus que de princes, de roi ou d'empereur. Il n'y a que le peuple et ses délégués, des mandants et des mandataires.

« Et le peuple, comment le traitez-vous, vous qui, dans un état démocratique en voie de formation,avez le devoir de faire son éducation ?

« En notre pays, où l'intrigue règne en souveraine maîtresse, l'intrigue est la cheville ouvrière de toutes vos élections, et toutes vos élections ne sont que des conspirations, dans lesquelles vous ne faites intervenir le peuple que pour le démoraliser d'abord et le tromper ensuite.

« Il faut lui dire, au peuple de notre pays, que s'il est pauvre, c'est trop souvent par sa faute, c'est parce qu'il est trop vaniteux et n'aime pas assez le travail ni l'épargne. Vous lui recommandez, au contraire, de tenir sans cesse la bouche toute grande ouverte, pour que la manne lui tombe du gouvernement.

« Vous dénigrez l'empire et vous le copiez. Que dis-je? Si l'on vous compare aux hommes de l'empire, vous avez le talent en moins et l'hypocrisie en plus.

« Dans la vraie démocratie, tout doit se faire au grand jour, en pleine lumière, et le peuple agissant en pleine liberté, a la conscience de sa dignité et de sa souveraineté.

« Pour devenir démocrates, il faut donc que vous commenciez par changer du tout au tout de mœurs politiques.

« La démocratie, pour vous, c'est la haine du cléricalisme, et vous vous targuez d'être bons démocrates, parce que vous êtes anti-cléricaux, et francs-maçons. Mais votre anti-cléricalisme, à l'esprit étroit et sectaire, partant inique, ne fera jamais progresser la démocratie, bien au contraire. Votre anti-cléricalisme n'est qu'une négation et on ne peut rien fonder avec toutes les négations du monde. Soyez des citoyens, des hommes libres plutôt que des anti-cléricaux, des francs-maçons ou des libres penseurs cocasses, ridicules, bravaches et souvent méchants envers l'Église. Les tranche-Jésus rodomonts, pendant leur vie, deviennent généralement des baise-Jésus poltrons sur la fin de leur vie. A ce sujet, je vous dirai, en passant, ce que Proudhon disait, à peu de chose près, aux faux démocrates du temps de l'Empire, partisans acharnés de l'intrigue piémontaise, de la destruction du pouvoir temporel du pape et de la fameuse unité italienne: « Autant je place le droit de la Révolution et la pure morale de l'humanité au-dessus de l'Église, autant et mille fois plus bas au-dessous de la foi du Christ je vous place vous-mêmes, Démocrates tarasconnais, avec votre anti-cléricalisme, votre franc-maçonnerie, votre démocratie, votre voltairianisme et toutes vos hyprocrisies. » Ah! comme ils pourraient vous rouler et vous confondre, les Cléricaux, s'ils n'avaient pas des vues aussi courtes que les vôtres, s'ils voulaient substituer un mot, un seul mot à un autre, Solidarité à Charité ou Justice à Grâce, et s'ils ne tournaient pas le dos aux origines esséniennes du christianisme, en identifiant la religion, qui devrait être la religion de la souffrance humaine, avec la politique des heureux et des repus! Somme toute, les jésuites Rouges sont aussi malfaisants que les Noirs, dans notre Tarasconnais.

« Le vrai démocrate doit être désintéressé dans une certaine mesure et n'avoir en vue que l'intérêt général, même au détriment de ses intérêts particuliers. Et vous, vous n'envisagez jamais que vos intérêts particuliers du moment. Vous mettriez le feu aux quatre coins de la France pour avoir des places ou des honneurs.

« Vous tenez le pouvoir; vous en usez et abusez. Aveugles que vous êtes, vous ne voyez pas que les mécontentements accumulés engendrent l'impopularité latente, d'où nait la disposition au changement, et que vous finirez par tuer petit à petit la République, malgré l'excellence de son principe, comme vous avez déjà tué l'esprit républicain. Vous écartez systématiquement des fonctions publiques les hommes de valeur, alors qu'il serait de votre devoir strict et de notre intérêt de les accueillir, et même de les rechercher. Car la devise démocratique, dans l'espèce, n'est autre que celle-ci : « *aux plus méritants et aux plus capables* ». Vous l'avez remplacée par cette autre, qui n'est plus tout-à-fait la même : « *aux plus intrigants et aux plus incapables* », et vous en êtes encore à ignorer que le meilleur des carrosses marche mal, quand l'attelage est mauvais. Vous n'avez pas seulement voulu donner, depuis douze ans et plus, un conseil municipal potable à notre bien-aimé Tarascon, et pourtant les rues de cette chère capitale..... en ont bien besoin; c'est vrai, mais je voulais dire tout autre chose..... et pourtant les rues de notre chère capitale sont pavées d'hommes capables, instruits et de spécialistes en tout genre. Je vous dirai incidemment, à ce sujet, que je ne comprends pas qu'il soit indispensable, même sous la République, de réciter un *credo* républicain pour tenir utilement et honorablement sa place dans un conseil municipal, pourvu que la majorité en soit notoirement républicaine. *Bou Dioul* Que de mal nous ont fait les Préfets Démocrates!..... Et vos journaux? Ah! tenez, ils me désopilent trop la rate pour que je dise ce que j'en pense. Avant peu, vous aurez fait de la République le gouvernement qui nous divise le plus.

« Le vrai démocrate doit avoir un idéal, quelque éloigné qu'il soit, mais nécessaire pour se guider, et cet idéal, c'est le droit humain pur. Quant au vôtre, je n'ose dire quel il est.

« Autant le dindon diffère de l'aigle,autant donc les Démocrates de votre acabit diffèrent du vrai démocrate. Je n'irai pas jusqu'à dire que vous êtes des dindons, M. Théodore né natif de Tarascon-sur-Ariège et vous ; mais je puis affirmer hautement que vous n'êtes pas des aigles.

Signé : PETSEC. »

(A Suivre)

CHAPITRE IV

Revirement de l'opinion publique en faveur des Radicaux. — Métamorphose de Théodore. — Il se révèle grand stratégiste et grand tacticien dans la guerre électorale. — Son plan de campagne et début triomphant de sa campagne contre Petsec et les Radicaux.

L'article de Petsec, tiré à un nombre considérable d'exemplaires, tomba comme une pluie de bombes incendiaires sur le Tarasconnais et sa capitale. Les exemplaires furent enlevés en un clin-d'œil. On se les arrachait.

Les Démocrates, qui faisaient déjà des gorges chaudes sur l'opposition inattendue des Radicaux, commencèrent à se troubler et à baisser le caquet, quand ils virent que les rieurs n'étaient plus toujours de leur côté et qu'il y avait un commencement de revirement dans l'opinion publique.

Les Tarasconnais aiment avant tout le succès, et la crânerie de Petsec avait eu du succès. Une certaine hésitation se manifesta non seulement dans la masse flottante des Indécis par indifférence ou par tactique, mais aussi chez des partisans avérés du Manitou vénéré et de Théodore. « *Té!* on ne savait pas ce qui pouvait arriver ! Le Manitou vénéré n'était peut-être pas infaillible, ni Théodore non plus ! Et si la chance allait tourner du côté de Petsec ?... Il ne fallait donc pas se prononcer trop ouvertement ni pour ni contre. Il fallait voir venir. Chacun pour soi après tout ! » Dans certaines familles nombreuses et ayant la chance de posséder plusieurs électeurs, une moitié de ceux-ci était pour Théodore et l'autre moitié pour Petsec. On se gardait ainsi à carreau. Car, sur la fin du XIXe siècle, vers l'an XIII de la troisième République française, dite démocratique et libérale, et le Manitou vénéré *democratisante* dans le Tarasconnais, le « *Vœ victis !* » des vieux Gaulois y sévissait avec la naïveté primitive et la cruauté inconsciente des âges barbares.

Ce fut dans ces circonstances critiques que l'âme de Théodore se déculotta tout entière.

J'ai dit, qu'au retour de son voyage à Paris, il s'était gobé en plein, au point d'en avoir une indigestion. De l'ancien Théodore vétérinaire, gros Tartarin parcourant les campagnes, la gaudriole et le calembour à la bouche, et ne songeant, à la ville, qu'à avaler des bocks et des bitters, il ne restait plus rien. Théodore avait fait peau neuve, dépouillé le vieil homme. La démocratie fait souvent de ces miracles !

Au lieu d'être tout en dehors comme avant son voyage à Paris, il était tout en dedans. Au lieu d'avoir l'air ouvert, il avait l'air fermé. Il soignait sa tenue jusqu'alors quelque peu débraillée. Il s'était composé un visage, un ton, un maintien, des manières nouveau genre, genre démocratico-autoritaire et doctoral. « Ça » ne lui allait pas du tout ; mais « ça » plaisait aux Démocrates et « ça » leur imposait. Il ne redevenait lui-même que dans l'intimité avec les amis et avec S. M. le Manitou vénéré bien entendu.

Certes l'investiture à lui conférée par Sa Majesté,

sanctionnée et agrandie par le gros Manitou de la démocratie française, en avait fait un personnage. Il se tâtait et se sentait extérieurement et intérieurement un tout autre Théodore, un Théodore au-dessus du vulgaire. Mais ce qui, par dessus tout, devait dominer toutes ses pensées, tous ses songes, toutes ses résolutions, c'est que Petsec s'était permis de faire imprimer (comprenez-vous ? faire imprimer !) que lui Théodore n'était pas un aigle. Cruelle, cruelle blessure ! Souvenir qui lui donnait la chair de poule et lui glaçait les reins de frissons ! Dans le for intérieur de tout démocrate tarasconnais, qui se respecte et qui a pour devise « *haut comme les monts* », rien que la mort n'était capable de mettre fin à un pareil ressentiment, et Théodore était devenu démocrate tarasconnais jusqu'au bout des ongles !

« Je lui ferai voir à ce Petsec si je ne suis pas un aigle ! » ruminait-il à chaque instant.

Théodore se révéla, en effet, dans la guerre électorale qu'il allait entreprendre, grand stratégiste, tacticien consommé et plein de ressources. Il y déploya toutes les qualités natives du méridional, la finesse, l'art de la mise en scène et de la poudre aux yeux, aussi bien que celles du montagnard, ses aptitudes policières, la ruse, le talent de l'espionnage, la dureté et la ténacité.

Tel fut, surtout à l'aurore de sa vie politique, le premier Bonaparte, ce méridional fortement mâtiné de montagnard.

De concert avec le Manitou vénéré, sans lequel on

ne pouvait rien faire, Théodore arrêta secrètement tout un plan de campagne destiné à écraser dans l'œuf l'insolente opposition des Radicaux.

Le lendemain même du jour où l'article de Petsec avait paru à Tarascon, Théodore convoqua secrètement, mais impérativement, tous les Démocrates pour une réunion plénière et secrète, qui devait avoir lieu, à minuit, au cercle démocratique. Le mot de passe était : « péril à gauche. »

Tous sans exception furent présents à l'appel.

Théodore, pour cette nuit-là, mit au rancart la démocratie et l'envoya se coucher en compagnie de la Liberté, de l'Egalité et de la Fraternité. Il ne fit pas de discours ni de phrases à effet. Mais, en termes nets, clairs et impératifs, il traça à tous et à chacun la besogne pour toute la durée de la période électorale, c'est-à-dire qu'il donna des instructions générales et communes à tous et fit des recommandations particulières à ceux qu'il investissait de missions spéciales :

« Les Radicaux osaient lever la tête ! Tous les Démocrates sans exception devaient se multiplier, faire feu des quatre pieds pour la leur renfoncer sous terre. Il fallait aller partout, dans les cafés, les mastroquets et lieux de réunion quelconques, pour débiner Petsec. Il fallait surtout faire fi de son talent d'orateur et d'écrivain et le reléguer dans la tourbe des écrivaillons et des bafouilleurs ; c'était d'ailleurs un brouillon, un illuminé, un toqué, un idéologue et un idéaliste. Ses partisans et lui étaient des intransigeants, des éternels mécontents, des excessifs, des mauvais républicains, qui mettaient en péril la République et fesaient le jeu des Cléricaux. Du reste, le gros Manitou le lui avait dit, entre quatre-z-yeux, à lui, Théodore : « La démocratie n'a pas besoin d'idéologues, ni d'intransigeants, mais d'hommes comme Théodore. » Il comptait sur les bonnes langues de tous les Démocrates pour développer ce thème si riche et broder dessus les variations les plus fantaisistes et les plus tarasconnaises. »

Il était urgent de supprimer le *Tam-Tam* per fas et nefas, Petsec (qui y allait à la bonne franquette) ayant annoncé publiquement qu'il ferait paraître une série d'articles jusqu'au jour du scrutin. Trois Démocrates, des meilleurs soiffeurs, furent chargés de faire, chaque matin, le tour de tous les cafés et établissements, de rafler et de fourrer, en catimini, dans leurs poches, sans les lire, tous les exemplaires du maudit journal. Ces exemplaires devraient être remis dans la journée à Théodore, qui se donnerait le plaisir d'en faire un joyeux auto-da-fé.

Le distributeur de cette feuille fut inquiété, tracassé, intimidé et consigné à la porte de la préfecture et des bureaux de tous les chefs et employés des services publics. Théodore lui fit retirer la vente des journaux gouvernementaux.

Les fonctionnaires, qui recevaient le *Tam-Tam* par abonnement, furent invités à ne pas continuer à se repaître de doctrines subersives et sapant les bases de la démocratie, sans quoi il serait pris bonne note de leur résistance; et, dans le langage administratif, bonne note veut dire mauvaise note. Des instructions dans ce sens furent envoyées dans tout le Tarasconnais.

Sur l'avis du commissaire de police, qui se tenait en permanence aux flancs de Théodore, le café de la Montagne, où se tenaient les conciliabules des Radicaux, fut consigné aux officiers et à tous les fonctionnaires sans exception. Les abords en furent surveillés et un agent de police fut chargé de prendre les noms de toutes les personnes, qui y entreraient.

Deux électeurs de Tarascon, jusque-là neutres ou incolores, furent soudoyés..... (Ici je m'arrête et suis obligé d'ouvrir une vaste parenthèse, pour réparer une omission des plus graves. J'ai oublié, dans mon récit, la chose principale, je veux dire le sang et les moëlles du corps électoral démocratico-tarasconnais, ou encore l'huile et la graisse nécessaires pour faire fonctionner, sans grincements, les rouages de la machine démocratico-électorale tarasconnaise, quelque bien montée, outillée et entretenue qu'elle fût par la vigilance et les soins du Manitou vénéré. Je m'aperçois trop tard que je vais chercher midi à quatorze heures pour exprimer ce qu'on appelle tout simplement le nerf de la guerre et que j'aurais pu appeler tout aussi simplement le nerf des élections démocratico-tarasconnaises. Mais Théodore qui, comme tout tarasconnais de race, avait, au plus haut degré, le sens du réel et des intérêts, ne l'avait pas oublié, lui, le nerf ! Car, au début de la séance, il avait déclaré formellement que les cordons de sa bourse resteraient dénoués pendant toute la durée de la période électorale et qu'il paierait tout largement et sans compter. Les Démocrates tarasconnais se le tinrent pour dit et allèrent bravement de l'avant. Cette élection coûta, dit-on, à Théodore vingt-cinq mille francs, d'aucuns disent trente mille. Ce qu'il y a de certain, c'est que son amour propre (ce féroce amour propre, si cher à tous les cœurs bien nés dans le Tarasconnais !) son amour-propre, dis-je, étant en jeu, puisqu'on avait fait imprimer qu'il n'était pas un aigle, il était résolu de pousser jusqu'à cinquante-mille.)

Donc, deux Tarasconnais furent soudoyés pour se faire admettre parmi les Radicaux et rapporter toutes leurs paroles et leurs décisions, de sorte que toute mesure prise par le malheureux Petsec était contreminée immédiatement par l'heureux Théodore.

Dix Démocrates, des plus adroits, des plus énergiques et des meilleurs blagueurs, furent désignés pour parcourir le Tarasconnais, faire les promesses, porter la bonne parole ainsi que les pièces de cent sous de Théodore, et surveiller en même temps l'exécution des ordres donnés par le Manitou vénéré et Théodore.

Trois autres Démocrates, des mieux posés dans Tarascon, durent circonvenir certaines personnalités influentes et tâcher de les rallier à la bonne cause, en fesant briller à leurs yeux, d'un côté, l'espoir des faveurs et des distinctions honorifiques, dont on est si friand et si fier dans le Tarasconnais (excepté le Manitou vénéré, dont la grandeur plane à mille *pans* (1)

(1) *Lé pan*, mesure tarasconnaise. On a pris quatre pans et demi pour avoir le mètre.

au-dessus de ces hochets), de l'autre, l'artillerie des foudres préfectorales,qui inspirent tant d'effroi à tous, encore excepté le Manitou vénéré, puisqu'il les tient dans ses mains, les foudres ! etc., etc.

Il serait trop long d'énumérer toutes les mesures prises par Théodore.

Elles aboutirent toutes. Au bout d'une huitaine de jours, on ne parlait plus du *Tam-Tam*, et l'ordre régnait dans le Tarasconnais. Les Démocrates tenaient partout le haut du pavé ainsi que le crachoir, et, dans toute l'étendue du Tarasconnais, le crachoir est le premier des attributs du commandement.

CHAPITRE V

Réunion publique électorale préparée par Théodore et escamotée à son profit. — Il est acclamé candidat. — Coup d'œil sur les mœurs politiques et l'état mental des Tarasconnais. — Démocrates-Radicaux-Cléricaux. — Réunion publique électorale annoncée par les Radicaux. — Apostrophe de Petsec. — Les Radicaux reçoivent une tatouille. — Triomphe de Théodore. — M. Théodore du Tarasconnais, député de Tarascon-sur-Ariège. — Apothéose de Théodore.

Le huitième jour de la période électorale, grâce au plan de Théodore, son élection était dans le sac, pour dire dans les urnes ou boîtes populaires. Le Manitou vénéré, aussi infaillible que vénéré, avait fait, sur son échiquier électoral, l'opération du pointage, et le nom de Théodore devait infailliblement sortir à une écrasante majorité.

Théodore n'avait donc plus qu'à dormir sur ses deux oreilles, jusqu'au jour où il se réveillerait député de Tarascon-sur-Ariège. Cela ne suffit pas à son âme magnanime. Il voulut raffiner, innover en Tarascon-sur-Ariège et bien mériter de la démocratie française. Il voulut passer sur son élection une couche de vernis exotique et parisien. Petsec verrait alors s'il n'était pas un aigle !

En conséquence, il fit publier, par voie d'affiches et dans ses trois journaux, qu'une réunion publique électorale aurait lieu, tel jour et à telle heure de la soirée, dans une salle du Cercle démocratique, à l'effet de constituer un Comité électoral de vingt membres. Mais il eut soin de le constituer lui-même d'avance, en préparant une liste composée de vingt de ses meilleurs *chaouchs* ou séides. Une demi-heure avant l'heure indiquée, le contre-parti, c'est-à-dire les Radicaux, Petsec en tête, se présentèrent devant la porte du local choisi pour la réunion. Mais la salle était déjà bondée de Démocrates et pas un Radical ne put y pénétrer. Petsec protesta. On le laissa protester tout à son aise.

Dans la salle, les Démocrates procédèrent à l'élection, par mains levées, des vingt membres du Comité électoral. A chaque nom ou *beuglé* ou *glapi* ou *hurlé* par l'un des trois Démocrates, porteurs de la liste préparée par Théodore, toutes les mains se levèrent avec ensemble, comme à l'exercice des recrues. Quels bons troupiers ils feraient, les Démocrates tarasconnais, avec Théodore pour colonel et le Manitou vénéré pour général !

Séance tenante, le Comite électoral, ainsi composé de Théodore additionné vingt fois ou de vingt doublures de Théodore, discuta ou fit semblant de discuter le mérite et les services respectifs de Théodore et de Petsec et, en fin de compte, Théodore fut acclamé à l'unanimité. Hourra pour la démocratie tarasconnaise!

Théodore qui, pendant la séance, buvait un bock dans une salle voisine, pour ne pas avoir l'air d'influencer les électeurs ni le Comité (le gros malin !) fit alors son entrée et, quand le bruit des bravos et des vivats fut un peu apaisé, il prononça un discours démocratique assez habile, qui avait été fait pour la circonstance par un journaliste de Toulouse, et, comme il avait naturellement une mémoire excellente, une superbe voix de baryton, l'accent emphatique et pathétique ainsi que le geste oratoire, il électrisa l'auditoire et eut un succès bœuf.

« Tu as été tout simplement sublime, Théodore ! » lui dirent ses intimes, en lui serrant les mains, au sortir de la séance.

Le lendemain, l'*Affameur des vicaires,* le ***Mangeur de curés*** et l'*Ultra* ***Démocrate***, dans un style aussi tarasconnais que démocratique, racontèrent en détail les dehors de cette fameuse réunion, publièrent ***in extenso*** le discours et annoncèrent à la ville et à la campagne que les électeurs républicains, convoqués dans une réunion publique et plénière, avaient acclamé à l'unanimité M. Théodore du Tarasconnais comme candidat de la démocratie tarasconnaise.

Les autres communes du Tarasconnais ne furent pas seulement consultées. A quoi bon ? On était sûr de leur adhésion enthousiaste, et d'ailleurs, chacune d'elles ayant son Sous-sous-Manitou, qui était sous les ordres de son Sous-Manitou cantonal, qui était sous les ordres du Manitou vénéré, l'opération s'y serait répétée avec le même résultat et la même régularité que dans la capitale, de même que dans toutes les compagnies d'un régiment bien commandé, le maniement d'armes est exécuté avec la même précision. Je crois même que, pour l'entrain, aux Démocrates du Tarasconnais reviendrait le pompon, quand le Manitou vénéré daigne commander la manœuvre directement et en personne.

Quant au programme de Théodore, pas un Démocrate n'en eut cure ni souci, et pour cause. Le programme, c'est bon pour les Parisiens ; dans le Tarasconnais, il devient chose non seulement inutile, mais nuisible, dangereuse et attentatoire à l'existence de la démocratie tarasconnaise. C'est ce que Théodore, avec son flair tarasconnais, avait parfaitement pressenti, quand, dans son premier discours démocratique, il avait déclaré que la plus grande difficulté, en politique, consiste à être toujours du côté du manche, c'est-à-dire pour le gros Manitou au pouvoir, aujourd'hui pour le tonkinard et autoritaire Grosbec, demain pour le libertaire et anti-tonkinard Petitbec. Un programme ne peut que gêner l'évolution.

Théodore pourra ainsi donner un libre champ à son chauvinisme (car il est né chauvin, on l'a deviné), et, quand il tombera sur un gros Manitou également chauvin, il sera le plus heureux des députés; il pourra faire déclarer la guerre aux hommes de toutes les races et de toutes les couleurs, aux Africains, aux Asiatiques, aux Polynésiens, aux Américains des deux Amériques, voire aux *Tures* et aux Russes. Car les guerres lointaines ne touchent pas les neuf mille neuf cent quatre vingt dix neuf dix milliêmes des Démocrates tarasconnais;il n'y a guère qu'une guerre avec l'Espagne, qui pourrait les toucher, parce que l'Espagne touche le Tarasconnais. Seulement, quand on leur présentera la Note des frais, la Carte à payer, la *taillo* (les contributions), enflée d'une année à l'autre, ils pousseront des cris de paon et s'en prendront aux Percepteurs, aux Maires, au Président de la République, à la République, à tout le monde, excepté à leur Théodore et à leur Manitou vénéré; ce qui prouve une fois de plus : 1° que la logique ne préside pas toujours aux destinées des simples mortels; 2° que Théodore et le Manitou vénéré sont des mortels nés coiffés; 3° qu'ils mourront nés coiffés.

Donc, point de programme dans le Tarasconnais. On le remplace par une tartine politiciano-littéraire, creuse, boursouflée, mais saupoudrée de démocraties et de Démocrates, une espèce de crême fouettée, dont les politiciens du Tarasconnais ont seuls la recette.

Les Démocrates tarasconnais ont résolu les deux problèmes les plus graves pour l'avenir de la démocratie : 1° « la quadrature du cercle démocratique. » 2° « la réduction de la démocratie à sa simple expression», et ce, par le raisonnement suivant, qui a toute la rigueur d'une démonstration mathématique : « Théodore est bon garçon; donc il sera bon député, et si, une fois député, il fait convenablement nos petites affaires, à Paris et dans le Tarasconnais, il sera le meilleur, la perle des députés, et il faudra le conserver précieusement comme une perle précieuse. Mais pour qu'il puisse faire convenablement nos petites affaires, ne lui mettons pas un programme dans les roues, bien que les roues passeraient tout de même par-dessus le programme, et recommandons-lui surtout de ne jamais parler au Parlement, de peur de *se nous* compromettre. »..... Et Théodore a été « *la perle* » ! Mais n'anticipons pas.

On le voit, c'est simple comme bonjour (mais il fallait le trouver et il a fallu toutes les lumières du Manitou vénéré), simple comme l'innocence, comme l'instinct, comme le sentiment, comme la politique de la femme selon Proudhon, laquelle voterait toujours pour son mari ou pour son amant, comme la politique des petits enfants, qui voteraient pour le Bel-ami, qui leur donne le plus de bonbons, comme la politique de camaraderie en un mot. La tribu primitive n'offre rien de plus embryonnaire.

Et pourtant ils sont compliqués, fins, déliés, madrés, retors, machiavéliques, positifs, pratiques, les Démocrates tarasconnais ! Peut-être le sont-ils trop. Quoi qu'il en soit, qu'ils se vantent, avec une pareille théorie et une pratique encore plus pareille, qu'ils se vantent d'être *les purs*, les seuls démocrates *bon teint*, qu'ils soutiennent mordicus, envers et contre tous, cette tarasconnade de quarante chevaux et réussissent à la faire avaler à tous, voire à ces finauds de Parisiens (j'en connais un, qui n'est pas Parisien, mais qui veut faire le malin, plaisanter les Parisiens, et qui l'a avalée tout le premier. Ils sont si enjôleurs, si séduisants, ces Démocrates tarasconnais !) qu'ils réussissent, dis-je, à la faire avaler à tout le monde, ce n'est là qu'un phénomène ordinaire et naturel, qu'un jet spontané de la hâblerie méridionale entée sur la suffisance et la ténacité tarasconnaises ; mais ce qui n'est pas ordinaire, ni naturel, ce qui dénote chez eux, au contraire, une mentalité inquiétante et tout-à-fait dérangée, ce qui fait qu'on ne peut nier l'influence des coups de soleil contondants et aussi dangereux que des coups de marteau, sur les montagnes et dans les vallées pyrénéennes, enfin ce en quoi ils dépassent de mille et une longueurs leurs congénères de la plaine provençale, les compatriotes surfaits de Tartarin, c'est qu'ils ont réussi à se la faire avaler à eux-mêmes, leur tarasconnade, c'est qu'ils sont de bonne foi,c'est qu'ils se gobent et se prennent au sérieux, hormis toutefois leurs tripotiers politiciens et électoraux qui, au fond, sont restés sceptiques comme le cardinal Dubois et l'évêque d'Autun réunis, et sont, nécessairement, les plus enragés de la bande. Ouf! *n'én podi pos pus!*

Théodore servit donc à ses Démocrates bon teint une tarte à la crême démocratique, qu'ils goûtèrent avec délectation, surtout le sucre de la fin contenant la déclaration « que les Démocrates tarasconnais trouveraient toujours en lui le plus fidèle serviteur de la démocratie tarasconnaise.» Paroles imprudentes, trois fois imprudentes, que ceux-ci n'ont pas laissées tomber dans leur belle rivière et que le pauvre Théodore voudrait bien rattraper, à l'heure qu'il est! Ils lui font faire, à lui comme à l'ami Bôbec, toutes leurs commissions à Paris.

Malgré vent et marée, Petsec voulut faire son devoir jusqu'au bout. Le malheureux passait par toutes sortes de tribulations avec les Radicaux, qui l'avaient supplié, adjuré de se mettre à leur tête et qui maintenant se fesaient tirer l'oreille, comme des clampins, pour le seconder et le suivre..... « Et après? *Et qué ?* Paris est bien une ville d'outrance. Pourquoi Tarascon-sur-Ariège ne *tiendrait-il pas plaisir* (1) d'être,lui aussi, une ville d'outrance, la ville du libre caprice, de l'individualisme à tous crins, de la fantaisie et de la *fantasia besef ?* Et pourquoi le Tarasconnais n'aurait-il pasledroit d'être une Corse continentale, moins l'hospitalité, la fierté (*a*), et les coups de fusil, parce que les coups de fusil font plus de bruit sur le continent qu'au milieu de la Méditerranée?..... » De même que les Démocrates (grand D) n'y sont pas, on l'a vu, toujours démocrates (petit d), de même les Radicaux (grand R) n'y sont pas toujours radicaux (petit r); ils ont le radicalisme intermittent (pas comme la fièvre, qui est un tyran et qui arrive sans qu'on le veuille et sans qu'on la veuille), mais le radicalisme à leur jour et à leur heure, autrement et mieux dit, le radicalisme à volonté; ce qui ne les empêche pas de se croire les meilleurs Radicaux de la planète, des foudres de radicalisme, des ultra-extra-supra-Radicaux !..... N'insistons pas, afin de ne pas leur enlever cette douce illusion. Jusqu'aux Cléricaux qui ne sont pas toujours cléricaux ! D'aucuns n'ont pas scrupule (même quand il n'y pas, pour eux, péril en la subsistance, ce n'est pas ça, même quand ils ne sont pas en péril de la subsistance, ce n'est pas encore ça, même quand leur

(1) *Tenir plaisir*, locution tarasconnaise, qui a reçu la sanction de la Société tarasconnaise des Sciences, Lettres, et Arts.

(*a*) NOTE DE MA DIRECTION. — Les mœurs de la *vendetta* corse avaient une certaine grandeur, et étaient relativement généreuses et loyales, surtout si on les compare avec les basses vengeances italiennes et françaises méridionales.

table est plantureusement servie deux fois par jour, c'est ça) n'ont pas scrupule de faire des risettes à papa Manitou vénéré, qui y répond par des courbettes, et de demander des faveurs à la Marianne, qui s'empresse de les accorder; ce qui n'empêche pas que, s'ils pouvaient, tout en passant la main sur le dos à celui-là, attirer celle-ci dans un coin, ils *l'éstrangouilleraient* avec volupté, non sans l'avoir violée au préalable avec la même volupté. (La gueuse est devenue si vicieuse qu'elle ne ferait peut-être pas trop de résistance.) Tout cela est reçu et fort bien porté dans le Tarasconnais montagnard. « Té! les intérêts avant tout ! Té ! il fait bon émarger sous tous les gouvernements ! ».... Mais, à ce compte là, *foc del cel !* qu'ils s'embrassent tous, qu'ils fassent, comme dirait Jean Hiroux, une belle fricassée de museaux démocrates, radicaux, cléricaux, et qu'ils dansent ensuite tous ensemble *la réménillo à sou dé garganto* (1) ! C'est le conseil que je leur donne et la grâce que je leur souhaite, ainsi soit-il ! Mais bernique, ils s'en veulent à mort et se déchirent les uns les autres à belles dents.

Un instant ! à ce déchaînement universel des dents et des langues on compte deux exceptions :

1° Tel qu'une jolie femme, trônant dans son salon, reçoit, en fesant la bouche en cœur, les hommages de tous les arrivants, empressés à s'incliner devant elle et à lui plaire, tel le sempiternel Manitou vénéré, toujours

(1) *La réménillo,* danse tarasconnaise ; *à sou dé garganto,* au son de la voix pour musique.

courtois, toujours aimable en son air, accueille les avances et les mamours des Radicaux farouches, des Démocrates jouisseurs et des Cléricaux pince-sans-rire. En vérité, je vous le dis,le Manitou vénéré,grand Chef des Démocrates tarasconnais, est un fameux lapin, ayant parfaitement flairé et les Tarasconnais, qui sont aussi de fameux lapins, et notre troisième République, qui prendra, dans l'histoire, le nom de « République des fameux lapins », et son époque.

2o Dans tout enterrement tarasconnais, le discours prononcé sur la tombe est de rigueur, et, en pareille circonstance, *l'hyperbole* pouvant se donner carrière et prendre des proportions fantastiques, comble les vœux, assouvit les désirs du tempérament tarasconnais. C'est cette perspective qui rend si douces aux Tarasconnais les affres de la mort : ils sont sûrs de partir pour le grand voyage au son de cette musique qu'ils ont tant aimée et cultivée toute leur vie. Au cimetière, les Tarasconnais sont tous des *vaillants*, des parangons de vertu, d'honneur, de probité, d'abnégation et d'éloquence surtout; mais, au sortir du cimetière, leur mémoire redevient *taillable* et *déchirable* à merci.

Après tout cela, qu'on dise que le climat tarasconnais n'est pas unique dans son genre et ne produit pas des effets étonnants et contondants, d'autant plus que *les estrangès*, après un certain temps de séjour dans ce sorcier de pays et ce pays de sorciers,finissent par devenir plus tarasconnais que les Tarasconnais !

Attention ! Je patauge peut-être en ce moment-ci.

Et, du reste, il y a bien de quoi être au bout du peu de latin qui me reste. Est-ce qu'au lieu de voir là des effets étonnants du climat, des coups de soleil et de marteau, on ne devrait pas plutôt y voir de simples effets de la concurrence pour le partage du gâteau gouvernemental, pour les meilleures places au râtelier budgétaire (toujours exepté le Manitou vénéré,qui travaille, lui, pour l'art..... et les amis), simples effets panachés d'effets également simples des vendette entre Capulets et Montaiguts, entre Barracinistes et je ne me rappelle plus qui, etc. entre la famille Costesec et la famille Costedur etc. entre Honoré et Désiré etc. entre madame du Chiendent et madame Chicotin etc. ?..... N'importe, tout cela, quoique simple, est diantrement compliqué, aussi compliqué que l'encéphale des Tarasconnais, et eux seuls pourraient débrouiller mes idées. Ils s'en garderont bien.

Pour cette fois-ci néanmoins, les Radicaux à volonté de Tarascon, vivement talonnés par le terrible Petsec, voulurent bien marcher encore et donner un dernier coup de collier. Ils invitèrent, par voie d'affiches, tous les électeurs républicains de Tarascon et des environs à se réunir dans un local assez vaste pour les contenir, afin de procéder à la formation d'un comité élecral, chargé de la direction de toutes les opérations : action concertée avec les communes du Tarasconnais, élaboration d'un programme, choix d'un candidat etc. etc. L'avis imprimé signalait l'urgence, puisque l'élection devait avoir lieu dans douze jours.

Les Démocrates vinrent tous à cette réunion, excepté Théodore, qui leur avait donné secrètement ses instructions secrètes, mais ne voulait pas se trouver en présence de Petsec, qu'il affectait de dédaigner, et, comme ils étaient en majorité, ils composèrent le bureau à leur guise, à l'exclusion de tout Radical.

Petsec demanda la parole et aborda la tribune avec calme. Mais à peine eut-il prononcé quelques mots d'entrée en matière, que sa voix fut couverte par des huées, des sifflements, des coquericos, des grognements, des beuglements, des hurlements et autres cris d'animaux. Il croisa les bras et attendit une accalmie par suite de la lassitude des tapageurs. Il reprit alors la parole d'une voix forte, lente et mesurée et dit :

« Citoyens, j'ai dit et écrit que le Tarasconnais est soumis à un régime moitié autocratique, moitié oligarchique. Je me suis trompé, citoyens, (il se fit à ce moment un grand silence, au milieu duquel l'orateur continua d'une voix profonde, de la voix profonde d'Isnard à la Convention :) Le Tarasconnais est soumis à une Pignouflocratie bourgeoise ! »

Profitant de la stupeur générale, Petsec descendit alors de la tribune et sortit de la salle d'un air digne.

Mais à peine eut-il fermé la porte que des vociférations et des menaces de toutes sortes éclatèrent et l'on vit les Démocrates se précipiter tout à coup avec fureur sur les Radicaux. Ceux-ci se tenant sur la défensive, purent parer les premiers coups ; mais dans la bousculade générale, ils finirent par avoir le dessous, et, voyant qu'ils seraient écrasés par le nombre, déguerpirent comme ils purent, non sans avoir reçu une vraie tatouille.

Théodore triomphait sur toute la ligne.

Les Radicaux tarasconnais, incapables, comme je l'ai dit, d'une résistance de longue haleine, tout étonnés d'en avoir tant fait, et se jugeant suffisamment héroïques pour se poser en héros, abandonnèrent la lutte et se contentèrent dès lors de critiquer et de bougonner entre eux au café de la Montagne. Plusieurs même firent désertion et furent accueillis, à bras ouverts, par les Démocrates.

Petsec rentra sous sa tente, souverainement dégoûté de ses compatriotes et jurant bien qu'on ne l'y prendrait plus. Il eut cependant deux mille voix environ. Mais Théodore en eut plus de quinze mille et passa à une écrasante majorité.

Après la vérification du scrutin par les bureaux de la Préfecture, il fut constaté que l'opération du pointage faite par le Manitou vénéré dans les premiers jours de la période électorale, était parfaitement juste, et sa réputation d'infaillibilité en reçut un nouveau lustre. Il fut acclamé « *ultra-Vénéré* » dans une réunion plénière des Démocrates au Cercle démocratique et porté en triomphe sur le billard.

Les trois journaux démocratiques, rendant compte de cette élection, publièrent ce « premier Tarascon » typique, topique et épique, dû à la plume de Théodore :

« Liberté ! Egalité ! Fraternité ! Honneur et gloire à la démocratie tarasconnaise ! Elle vient encore de s'illustrer en choisissant, pour la représenter au Parlement, le vaillant démocrate Théodore du Tarasconnais, l'un des hommes les plus capables, les plus populaires et les plus estimés du Tarasconnais.

« M. Théodore du Tarasconnais a été élu député de Tarascon-sur-Ariège à une écrasante majorité.

« Cette élection présente ceci de remarquable, qu'elle s'est accomplie pendant toute la durée des opérations électorales, avec un calme, une dignité et une régularité, qui témoignent de l'éducation démocratique avancée du suffrage universel dans nos populations. Cet admirable résultat est dû, en grande partie, à l'initiative et aux efforts de M. Théodore du Tarasconnais et la démocratie tarasconnaise l'en a récompensé en le choisissant pour un de ses mandataires. Liberté ! Egalité ! Fraternité ! »

Cette tarasconnade étourdissante fut reproduite par tous les journaux parisiens subventionnés par le gros Manitou.

Les Démocrates tarasconnais la trouvèrent superbe et s'en allèrent disant partout : « Ah ! ah ! nous sommes bien les maîtres à présent ! » Ils ne le firent que trop voir et leur superbe ne connut plus de bornes.

Les Cléricaux en rirent à se tordre les côtes.

Les rares Radicaux, restés fidèles au drapeau, en frémirent de rage et se répandirent en objurgations de toutes sortes, mais *en catimini*, entre eux seulement, et cela n'alla pas plus loin que le café de la Montagne.

Petsec se contenta de dire en haussant les épaules :

« Voilà le bouquet ! Je m'y attendais. C'est de la quintessence de pignouflisme ! Que ça pue ! »

« Ça », n'empêcha pas Théodore de poursuivre sa carrière, dédaignant ses obscurs blasphémateurs. Plus actif et plus débrouillard que Bôbec, il est devenu l'oracle n° 2 du Tarasconnais (le n° 1 étant religieusement réservé au Manitou ultra-vénéré, de plus en plus « ultra-vénéré », jusqu'à l'adoration, jusqu'à l'extase !), tandis que Bôbec n'a plus que le n° 3.

A Paris, Théodore ne quitte guère les Bureaux des Ministères, ce qui lui a valu, de la part des Ronds de cuir, l'irrévérencieux surnom de « député crampon ». Peu lui importe ; il n'en obtient pas moins tout ce qu'il demande.

Il a lâché depuis longtemps son premier « gros Manitou », le Préïnce, son bienfaiteur (bien fait pour le bienfaiteur ! il n'a eu que ce qu'il méritait), d'abord parce que celui-ci a cessé d'être « gros Manitou » ensuite parce qu'il s'était permis, dans un moment d'humeur, de le traiter de « sous-vétérinaire », lui Théodore, qui avait dans la poche son diplôme et sa patente de vétérinaire.

Il a aussi lâché depuis quelque temps le genre « démocratico-autoritaire et doctoral », devenu un peu rococo, pour prendre ce qu'il y a de plus nouveau, le genre « démocratico-aristo et grand seigneur. » « Ça » lui va encore plus mal ; mais « ça » plaît davantage aux Démocrates tarasconnais ; ils seraient bien embarrassés de dire pourquoi. C'est déjà la deuxième « mue » du Démocrate bon garçon ; ce ne sera pas la dernière, espérons-le, c'est trop amusant.

Il a su échapper, on ne sait comment, au pilori justicier du « Sans-quartier », le plus inflexible des journaux intransigeants de Paris. Le «Sans-Quartier» a donné quartier à Théodore; l'intransigeance a transigé avec Théodore. Suprême triomphe de l'habileté tarasconnaise ! Les Démocrates tarasconnais en sont tout fiers. « *Té !* Théodore a enfoncé une fois de plus les Parisiens ! »

Qu'il soit dans sa chambre ou à la Chambre, présent à Paris ou présent à Tarascon, il vote toujours avec ou pour le Gouvernement. C'est réglé comme « les petits pâtés et les huîtres » à son déjeuner.

En votant toujours pour le Gouvernement (grand G), il se pose en homme de gouvernement (petit g). Il est en passe de passer Sous-secrétaire d'Etat, et, pourquoi pas ? Ministre.

Le Tarasconnais sera donc enfin arrivé à ses fins : Il aura son Ministre.

La Lorraine, aussi tarasconnaise que le Tarasconnais, sous le rapport politique bien entendu, a bien donné à la France beaucoup de Ministres, beaucoup trop, hélas ! mille fois hélas ! Pourquoi le Tarasconnais n'en fournirait-il pas au moins un ? N'est-il pas juste que le culte du Pouvoir rapporte à ses plus fervents sectaires le plus de pouvoir possible, voire autre chose avec ?

Théodore Ministre sera à plaindre. Il a trop promis aux Démocrates tarasconnais, et les Démocrates tarasconnais ne le lâcheront pas. Ce sera le seul tourment de sa vie.

Théodore le démocrate, qui doit tout à la démocratie, est devenu d'une certaine force sur le pathos démocratique ; mais il mourra sans comprendre ce que c'est que la démocratie, et, près de son heure dernière, il fera venir un Curé ou un Vicaire pour demander pardon d'avoir été D.T.C. et F.·., et l'Eglise, point rancunière au lit de mort, lui pardonnera et lui fera un enterrement de première classe (moyennant finances bien entendu, dans tous les pays du monde le prêtre vit de l'autel), et tout Tarascon-sur-Ariège, y compris les Radicaux, à l'exception du pestiféré Petsec, sera à son enterrement, parce que les Autorités constituées, les Pouvoirs établis y seront, et attendu que, suivant la parole d'un Sage de Tarascon, le but de la vie doit être d'avoir un bel enterrement, Théodore aura bien rempli sa destinée, mourra *plein de jours*, comme dit la Bible, puisqu'il aura un bel enterrement, et Petsec n'aura personne à son enterrement, ce qui ne l'empêchera pas de dormir d'un bon sommeil, et honni soit qui mal y pense, et que la démocratie soit légère à Théodore, et tant va la cruche à l'eau qu'elle se casse, et rira bien qui rira le dernier, et ce n'est pas pour des prunes que Tarascon-sur-Ariège est une ville moitié française, quart espagnole, quart italienne, et entièrement tarasconnaise, sans compter qu'elle est au bout du monde et..... le bout du monde, quoiqu'elle ait la prétention d'être un centre, et..... j'allais l'oublier, *bou Diou !* et..... l'écueil, sinon le cercueil, des Préfets, même des Préfets tarasconnais, mais un instant, tarasconnais provençaux, provençaux ; *quod erat demons trandum,* ce qui veut dire en bon latin : « *Théodore enfonce Tartarin* ». Ouf ! ouf ! ***n'en podi pos pus !***

CONCLUSION PANACHÉE

Théodore trouvera-t-il un peintre digne de lui ? Le Tarasconnais pyrénéen. — Le Midi de la France. — Dédicace à la tarasconnaise et aux Tarasconnais, etc., etc., etc..... Ça n'en finit plus..........

On n'a eu ici de Théodore qu'une silhouette, pâle, indistincte, incomplète et tracée à la hâte par un conscrit quasi sexagénaire. Mais si ce héros tarasconnais de la montagne, à la fois ténébreux et bouffon, tragique et comique, était convenablement posé, creusé, fouillé, mis en relief par un Maître de la plume et de l'analyse, il écraserait certainement et le héros tarasconnais de la plaine provençale, le célèbre *Tartarin*, qui n'est que comique, et le héros nimois, le fameux *Numa Roumestan* lui-même, qui se laisse jobarder.

Chose étrange, le Tarasconnais pyrénéen, un des plus beaux et des meilleurs pays de France, est aussi le plus négligé, le plus délaissé, le plus ignoré. Pourquoi ? Je l'expliquerai un autre jour, ce serait trop long aujourd'hui. Qui se doute, par exemple, que le plus subtil de nos orateurs et de nos hommes d'Etat est né tout près de Tarascon-sur-Ariège et a respiré, dans son enfance, l'air vif et subtil des montagnes tarasconnaises.

Artistes, touristes et capitalistes ne se soucient guère du Tarasconnais. Il offre pourtant la vie à bon marché, le meilleur climat des Pyrénées et par conséquent du

Midi, (moins pluvieux que celui des Basses et des Hautes-Pyrénées, moins sec que celui des Pyrénées-Orientales), les paysages les plus variés, les plus grandioses comme les plus enchanteurs, et on ne le visite pas. Il a des eaux thermales sulfureuses et autres d'une richesse et d'une puissance exceptionnelles, et on les fréquente peu. Il recèle des mines de toute espèce, et on ne les exploite pas. Théodore en est une, inépuisable et des plus précieuses. On peut aller facilement au fond de Tartarin, au fond de Numa Roumestan ; on n'ira jamais au fond de Théodore. Avis aux artistes en quête de types, de documents humains; Avis aux *Balzaciens*, exploiteurs de la matière politico-psychologique, à la condition *sine quâ non* qu'ils soient du Midi et qu'ils en connaissent les dessous.

Mais qui connaîtra jamais l'éternel féminin ? Qui connaîtra jamais cet étonnant, cet énigmatique, ce fantastique, ce prestigieux Midi, pays des extrêmes, des contrastes, des surprises, des effets de théâtre, des coups de tête et des coups de trique, des mystères, des miracles, du monde renversé, des potins, des esbrouffes, des escandales et des estatues, des trucs et des tracs, des pifs et des puffs, des cliques et des claques, des tempêtes dans un verre d'eau et des énormités inaperçues ou tolérées, ou applaudies ; des vendette éternelles, sans coups de fusil, mais à coups de langue mortels comme des coups de fusil ; des beaux hommes, des belles barbes noires et des moustaches truculentes ; de la double conscience et des pensées de derrière la tête ; de la ligne courbe ou oblique et de leurs variétés, en nombre infini, à l'exclusion absolue de la ligne droite; des surfaces sans corps et des apparences sans réalités; des ruses profondes et des vanités féroces; de l'éclatante lumière et des ténèbres épaisses; des beautés splendides ou piquantes et des monstres de laideur ; de la bonne foi..... dans la mauvaise foi et de l'indépendance..... du cœur ; des nullités prétentieuses et fanfaronnes, des palinodies cyniques et triomphantes ; des dévouements incompris et des vérités honnies et conspuées ; de la loquacité chronique et des palabres sans fin, etc., etc., où l'esprit court les rues ; où fleurit et s'affine encore la finesse, où s'étiole et languit la délicatesse, où meurt la sincérité ; où rien n'est plus commun ni plus rare que l'amitié ; où la bonté est aussi rare que la politesse est commune ; où l'habileté a le pas sur l'honnêteté ; où les questions de personnes priment les questions de principes ; où la passion est une vertu et la tendresse de cœur un ridicule, sinon un mythe ; où tout arrive ; où tout étonne et où rien n'étonne ; où les mots grisent ; où, la forme étant tout, le fond n'est plus rien ; où une impolitesse est pire qu'un crime ; où les hommes du Nord, les Normands exceptés, débutent toujours, etc., etc. Ce Midi, à la fois léger, mobile, frivole et d'une ténacité souvent effrayante dans ses passions, ses sentiments et ses idées; prodigue comme un grand Seigneur de la Régence et rapace comme Gobseck ; rusé comme le chat et étourdi comme la linotte, bruyant comme un carnaval et silencieux comme une tombe, organisateur et brouillon, actif et indolent, débrouillard et rossard, violent et veule, vaniteux et humble, haut et bas, courtois et grossier, chevaleresque et pignoufle, sceptique et fanatique, menteur et crédule, démocrate et despote, avancé et arriéré, etc., etc. Ce Midi, autrefois si brillant et si fier avec ses libertés municipales et sa féodalité populaire, aujourd'hui si mendiant et si plat avec le centralisme moderne ; ce Midi qui, à l'époque où Paris, encore à demi-barbare, baragouinait un aigre et grossier patois picard, avait, lui, une langue douce, déjà perfectionnée, et une civilisation relativement avancée, et qui, à l'heure qu'il est, conserve encore d'affreux reliquats de mœurs sociales et politiques du temps de Romulus (le patronat), comme pour prouver aux savants, par certains côtés immuables de sa nature, qu'il a dans les veines du sang des races stationnaires de l'Orient ; ce Midi, bouillabaisse des nations les plus diverses, beaucoup moins fusionnées et francisées qu'on ne le croit ; cette Italie de France enfin, si charmante et si laide, qui attire et repousse, qu'on aime et qu'on déteste. ...? On a tort ; on ne doit pas le détester. Car, si tout doit se payer en ce monde, si les enfants doivent réparer les fautes et les crimes de leurs pères, les Français du Nord, qui deviennent d'ailleurs de plus en plus méridionaux, ne sauraient trop l'aimer, ce Midi, que leurs pères ont ravagé, brûlé, pillé, spolié et volé pendant cinquante ans, et, non loin de Tarascon-sur-Ariège, se dressera toujours, comme un remords vivant, le pic de Montségur ! Ouf ! ouf ! ouf ! *n'en podi pos pus !*

Té ! En relisant cette tirade, qui n'en finit jamais et m'a fait pousser des « *ouf ! je n'en puis plus* », je constate que la plupart des traits atteignent en pleine poitrine notre démocratie française. Tant pis pour notre démocratie !

Un citoyen de l'Ariège, paysan de la Meurthe, peut-être bien du Danube,

Tarascon-sur-Ariège, 1er avril 1886.

Dédicace à la tarasconnaise et aux Tarasconnais.

C'est à Vous, ô Tarasconnais de race, nés malins, à l'esprit aussi gouailleur que vif et subtil, c'est à Vous que je dédie cette pochade éclose sous la double influence du Poisson d'Avril et de la lecture de Tartarin et du Nouveau Seigneur de village (de Sarcey). Elle a été jetée sur le papier sans préparation et sans art, je ne le sais que trop; c'est une pochade *à thèse*, péché capital au point de vue artistique, je n'en disconviens pas. Mais, malgré tout, elle aura, à Vos yeux, un mérite inappréciable : Vous la trouverez plutôt vécue que rêvée et vous reconnaîtrez qu'elle repose sur des dessous, dont la plupart, gros ou petits, sont foncièrement vrais, quoique peu vraisemblables. Encore, me direz-Vous, par le temps qui court et en plein Tarasconnais, où sont les limites qui séparent le croyable de l'incroyable? Vous seuls saurez les découvrir bien vite, ces dessous vrais, sous la charge et l'allégorie qui les recouvrent, Vous qui avez le génie des demi-mots et des sous-entendus. Vous seuls me comprendrez bien et mieux que les Parisiens, mieux encore que les trois ou quatre demi-douzaines de Préfets de la République, qui sont venus échouer, pilotes novices ou innocents, sur l'un ou l'autre des nombreux écueils et récifs de cette mer perfide, connue sous le nom de « politique démocratique tarasconnaise ».

Si Vous faites accueil à ce croquis, je Vous en promets d'autres beaucoup plus intéressants (toujours du même sujet, qui est, je le répète, insondable, inépuisable), celui-ci, par exemple : « de l'influence, aussi burlesque que sinistre, d'une Préfecture, dite démocratique, sur le progrès, la destinée et les mœurs de Tarascon-sur-Ariège, de l'an IX à l'an XV de la troisième République française. » Il y aura de quoi rire et encore plus de quoi pleurer.

Mais je dois à la vérité vraie et non tarasconnaise de déclarer que je ne suis jamais resté plus de cinq heures de suite, ni plus de vingt-cinq heures, en tout, à Tarascon-sur-Ariège, et que, pendant ces vingt-cinq heures, j'ai été trop occupé à observer, à étudier, à apprécier, voire à admirer la race tarasconnaise masculine au point de vue de la force et de la beauté physiques, pour avoir eu le loisir d'en faire autant, sous le rapport de la beauté morale et de la capacité politique. Ce n'est donc pas au confluent de l'Ariège et du Vicdessos que mon Tarascon pyrénéen fait toutes ses farces; c'est, pour sûr, entre Bayonne et Perpignan, au sein de la plus belle nature; c'est.....

Ceci dit à l'intention des bons habitants de Tarascon-sur-Ariège, qui pourraient se mettre en tête de prendre la mouche. S'ils ne sont pas pleinement satisfaits de ces explications, je prends l'engagement de biffer Tarascon-sur-Ariège partout où je l'ai mis et d'y substituer Folichon-sur-Ariège, ou Frivolichon-sur-Ariège, ou Fanfaron-sur-Ariège, ou Babel-ichon-sur-Ariège, ou Mascaron-sur-Ariège, ou Carnavalon-sur-Ariège, à leur choix.

Folichon-sur-Ariège, 1er mai 1886.

Trois préceptes de la démocratie (la bonne).

Les productions de l'esprit folichonnais sont tellement abondantes (surtout en la saison des amours et des coups de soleil), que les cinq ou six presses du chef-lieu de l'Ariège, bien que gémissant vingt-quatre heures par jour, ne peuvent suffire à les transmettre à la postérité et que mon manuscrit folichonnais fait le pied de grue devant les cylindres depuis le commencement d'Avril. Pourquoi alors, me suis-je dit, n'y mettrais-je pas une deuxième et dernière rallonge, puisque aussi bien je ne suis pas des Artistes en prose, qui ont l'honneur d'être sous la férule de Boileau-Sarcey et, qu'au contraire, j'appartiens au Folichonnais, ce paradis de la fantaisie dans toutes les branches de l'activité cérébrale (politique et littérature surtout), où rien ne doit se faire comme ailleurs et où l'on peut se passer toutes ses fantaisies? Je serais bien bête de me gêner et je veux encore *tenir plaisir* d'apprendre aux Démocrates folichonnais trois vérités de la démocratie (bon teint celle-ci) prises au hasard et que Petsec a oublié de leur décocher :

1° Celle-ci, extraite tout fraîchement de la *Nouvelle Revue*, un vrai « Jardin des racines démocratiques », pas de l'espèce folichonnaise, par exemple : « *Il vaut mieux connaître ses erreurs par ses amis que par ses adversaires* » ;

2° Cette autre du vieux Boileau (un royaliste plus démocrate que les Démocrates folichonnais, cela va les faire bondir) plus particulièrement à l'adresse du Manitou ultra-vénéré : « *Aimez qu'on vous conseille et non pas qu'on vous loue* » ;

3° Enfin cette dernière du même citoyen Boileau, laquelle tombe à pic sur Théodore et aurait pu me servir d'épigraphe, s'il n'y en avait pas déjà quatre au lieu d'une :

« Soyez plutôt vétérinaire, si c'est votre talent »

François-Victor Cinq Étoiles, dont une *double*.

Les cinq étoiles sont, par ordre alphabétique, *a*, *e*, *i*, *m*, *s* — Après avoir découvert l'étoile de la tête, ou initiale, ou de première grandeur, puis l'étoile double, qui est plus près de la queue que de la tête, et déterminé la situation relative de chaque étoile, trouver la bête, non, *millo dious!* trouver le nom.

« Problème insoluble, parce qu'il est trop soluble» ,

diront les Savants. ***Ehbé!*** la Société folichonnaise des Sciences le résoudra en un clin d'œil et sans télescope.

Frivolichon-sur-Ariège, 28 mai 1886.

Post-Scriptum (des plus sérieux quoique folichonnais) — Je ne veux pas avoir l'air de me donner les gants de savoir le patois du Midi, alors que je ne le sais pas. Les Démocrates folichonnais, qui ne laissent rien passer, ne manqueraient pas de dire que je suis *un blagûr*. Car, à m'entendre pousser maintes interjections dans cette langue (c'est une langue), on s'est imaginé sans doute que je la savais. Hélas! non, je n'en sais guère plus que ce que j'en ai mis ici et, franchement, il me serait difficile, sinon impossible, de tenir le dé en patois avec des *té*, *bé*, *qué*, *millo dious* et *fol del cel*. Mais c'est pour moi un crève-cœur quotidien, incessant, de ne pas le savoir, car je l'aime, ce patois méridional, que je trouve plus harmonieux, plus sonore et plus pittoresque que le français, et, si j'avais le bonheur de le savoir, je *tiendrais plaisir* de le parler.

Et dire que bon nombre de Méridionaux, des deux sexes, hélas! (pour se donner un genre, oh! les genres!) en font fi, de ce beau patois, ont presque honte de le savoir, de le parler, et s'évertuent, quand ils parlent français, à donner des coups de gosier et à déguiser leur joli accent méridional sous une intonation et un grasseyement soi-disant *parisiens* et des plus disgracieux. « *Soyez plutôt gascon, si c'est votre talent* », leur dit encore le vieux démocrate Boileau, qui, par parenthèse, rirait bien sous sa perruque, s'il voyait notre démocratie pour rire, et surtout la démocratie folichonnaise, où l'astuce et l'argent remplacent effrontément le mérite et tout.

Il est vrai que ces Méridionaux, honteux d'être de leur pays, sont tous ou des quarts, ou des moitiés, ou des unités entières de *bourgeois*, et que, si l'homme est le plus grotesque des animaux, le *bourgeois* de notre époque — cette *espèce* pourrie de *genres*, de chic, de vanité et d'égoïsme — est le plus grotesque des hommes et le moins démocrate.

Il est vrai de dire aussi que c'est notre Centralisation à outrance qui a créé et développé, chez les bourgeois provinciaux, cet état d'esprit, déjà presque séculaire, d'après lequel ils s'engouent stupidement de tout ce qui constitue les dehors *parisiens*, futilités, frivolités, travers et insanités de tous genres, se gardant bien, les ruraux! de s'engouer de ce qui constitue l'âme de Paris, sa noblesse et sa grandeur, et qu'elle a été inventée — cette monstrueuse Centralisation, dont on dira (ô atroce dérision !) qu'elle fait notre gloire et notre force jusqu'au jour, peut-être prochain, où elle aura creusé à fond notre fosse — inventée tout exprès pour rendre bêtes les plus spirituels, mendiants les plus fiers et poltrons les plus braves.

Fi ou fin.

Fanfaron-sur-Ariège, 29 mai 1886.

ERRATUM

A la page 24, lire « Théodore du Tarasconnais » au lieu de « Théodore de l'Ariège. »

Foix, typographie GADRAT Aîné. 2348.

www.ingramcontent.com/pod-product-compliance
Ingram Content Group UK Ltd.
Pitfield, Milton Keynes, MK11 3LW, UK
UKHW021313190726
13839UKWH00007B/1203

9 782329 554808